# झील में सोने का सिक्का

(ग़ज़ल संग्रह)

# झील में सोने का सिक्का

नवनीत शर्मा

वाणी प्रकाशन ग्रुप
भारतीय ज्ञानपीठ
वाणी प्रकाशन : भारतीय ज्ञानपीठ की पुस्तकों के एकमात्र प्रकाशक एवं वितरक

सजिल्द पहला संस्करण : 2023
सजिल्द दूसरा संस्करण : 2025

लोकोदय ग्रन्थमाला : ग्रन्थांक 1543

4695, 21-ए, दरियागंज, नयी दिल्ली-110 002
फ़ोन : 011-23273167, 23275710
ईमेल : sales@vaniprakashan.in

**झील में सोने का सिक्का**

(ग़ज़ल-संग्रह)

**नवनीत शर्मा**

ISBN : 978-93-94212-19-0



मूल्य : **295**



मुद्रक : *सिटी प्रेस, दिल्ली-110 095 में मुद्रित*

---

**JHEEL MEIN SONE KA SIKKA**

(Ghazal Collection)

*by* **Navneet Sharma**

सादर समर्पण

पूज्य पिता जी
श्री मनोहर शर्मा 'साग़र' पालमपुरी जी
की पावन स्मृति एवं
अब उनकी भूमिका में
प्रेरणा के अक्षय स्रोत
अग्रज द्विजेन्द्र 'द्विज' जी को!

झील में सोने का सिक्का गिर जाता है
और पहाड़ों पर पारा गिर जाता है

# आत्मकथ्य

बस, यही कहना है... !

कई अनुभूतियाँ हो रही हैं पहला ग़ज़ल संग्रह आपको सौंपते हुए। इस अवसर पर कई ऐसे नाम हैं जिनके प्रति आभार व्यक्त किए बग़ैर मैं आगे नहीं बढ़ सकता।

पूज्य पिता जी स्वर्गीय मनोहर शर्मा 'साग़र' पालमपुरी ने ग़ज़ल से परिचय करवाया। फिर ग़ज़ल के सम्मोहन में बँध कर उसकी साधना करते हुए आदरणीय अग्रज द्विजेन्द्र द्विज जी को देखा और वे पल अनुभव किए जब ग़ज़ल आ रही होती है और कई आकार ले रही होती है।

पूज्य माता जी श्रीमती कृष्णा शर्मा के उस नाज़ का आभारी हूँ जो उन्हें अपने पुत्रों के शायर होने पर है। ऐसा ही गर्व रखने वाले डॉ. एसडी सांख्यान और श्रीमती सत्या देवी जी का भी धन्यवादी हूँ।

आदरणीय तुफ़ैल चतुर्वेदी जी, आदरणीय सरवत जमाल जी और आदरणीय विजय कुमार स्वर्णकार जी के संपर्क में आने पर ग़ज़ल के नए गवाक्ष खोलने का प्रयास किया, इनका हार्दिक धन्यवाद।

आभार पत्नी श्रीमती संगीता शर्मा और पुत्री अन्विता का।

एक धन्यवाद उन सभी अंतरंग एवं अनन्य नामों और मित्रों का, जिन्होंने प्राय: मेरी ग़ज़लों के प्रथम श्रोता बनना सहर्ष स्वीकार किया और हर पल मेरी प्रेरणा बने रहे, बने रहेंगे।

ग़ज़ल एक अनवरत साधना है और शायर अंतिम समय तक सीखने वाला एक साधक...बाक़ी सब यदि कह सकीं तो ग़ज़लें ही कहेंगी।

**अपने लहू में तैरते रहने को क्या कहें**
**हाँ, आप मानते हैं तो ये शायरी सही**

सादर

**नवनीत शर्मा**

# अनुक्रम

# 1. झील में सोने का सिक्का गिर जाता है

झील में सोने का सिक्का गिर जाता है
और पहाड़ों पर पारा गिर जाता है

मेरी बीनाई का जादू है या ऐब
ऊँचे क़द वाला बंदा गिर जाता है

फ़र्क़ यही है जीवन और थिएटर में
चलते नाटक में पर्दा गिर जाता है

अनदेखी करनी पड़ती है ग़ैरत की
रिश्तों में जब कुछ काला गिर जाता है

तेरे नूर को बढ़ कर छू लूँ मैं लेकिन
क़दमों में अपना साया गिर जाता है

कैसे मैं आकाश से बातें कर पाऊँ
चढ़ते-चढ़ते हर ज़ीना गिर जाता है

उस दम खुल जाती है सबकी सच्चाई
भीड़ में जब कोई बटुआ गिर जाता है

उस ही कुएँ की रंगत सब्ज़ रखी तुमने
जिसमें सावन का अंधा गिर जाता है

जब भी उनसे दो-दो हाथ किए नवनीत
जाने क्यों नज़ला ख़ुद पर गिर जाता है

## 2. ग़ैर किरदार में ओझल नहीं होने वाले

ग़ैर किरदार में ओझल नहीं होने वाले
हम तेरे हिज्र में पागल नहीं होने वाले

और मिट्टी के बने हैं नए सारे आशिक़
दिल नए दौर के दलदल नहीं होने वाले

कौन-सा बुत है ख़ुदा कौन ख़ुदा है बुत-सा
ये सवालात कभी हल नहीं होने वाले

साँस लेते रहें, जीते रहें मरते भी रहें
हमसे सब काम मुसलसल नहीं होने वाले

तेरे पैरों में रहें और तेरे ठुमकों पे बजें
सिरफिरे हम, तेरी पायल नहीं होने वाले

# 3. आसमां धरती हवा और आग पानी सब

आसमां धरती हवा और आग पानी सब
इस ज़मीं पर है इन्हीं की बाग़बानी सब

धुंध को भी धूप ही कहने लगी दुनिया
जादुई चश्मे की है ये मेह्रबानी सब

रंग भी फ़िरक़ापरस्ती ओढ़ बैठे हैं
सब्ज़ नीला सुर्ख़ पीला ज़ाफ़रानी सब

ख़ाब को ताबीर कर देने की ख़ाहिश में
झोंक दी हमने जवानी ज़िंदगानी सब

क्या कहूँ तक़रीर पर नवनीत शर्मा की
जितने थे अल्फ़ाज़ में निकले मआनी सब

## 4. कल ये चश्मा नया दरिया भी तो हो सकता है

कल ये चश्मा नया दरिया भी तो हो सकता है
क़द मेरा आपसे ऊँचा भी तो हो सकता है

आपने ख़ुश्क बताया है मेरी आँखों को
ये मेरा झील पे पहरा भी तो हो सकता है

सर्द तन्हाई में इक वहम तेरे आने का
डूबते के लिए तिनका भी तो हो सकता है

मोहतरिम आपने मरहम तो दिया है लेकिन
ज़ख़्म अल्फ़ाज़ का मारा भी तो हो सकता है

ईंट के बदले में पत्थर नहीं मारा जिसने
कोई तहज़ीब का मारा भी तो हो सकता है

## 5. कोई दुश्मन मेरे अंदर से उभर आया है

कोई दुश्मन मेरे अंदर से उभर आया है
अपना साया ही मुझे ग़ैर नज़र आया है

इश्क़ में सर भी झुका और अना भी सिमटी
ओखली झूम के नाची है कि सर आया है

हम ग़रीबों का लहू पी के यही होना था
ज़िंदगी! देख तेरा रंग निखर आया है

हम निपट लेते जो कश्ती ही भँवर में आती
अब कहाँ जाएँ कि कश्ती में भँवर आया है

पेड़ जैसा ही मेरी ज़िंदगी का है बर्ताव
धूप निकली है तो साया भी उतर आया है

# 6. पेड़ थे कुछ, थी तेज़ कुल्हाड़ी आरा था

पेड़ थे कुछ, थी तेज़ कुल्हाड़ी आरा था
जंगल चुप थे और भला क्या चारा था

इक बिछड़े सहरा को जाकर सींच आया
यादों का बादल शायद आवारा था

ख़न्जर वाले हाथ उन्हीं के लगते हैं
जिनको हमने चूमा था पुचकारा था

गुड़िया बोली, 'पापा तुम तो तारे हो'
क्या कहता 'मेरा भी कोई तारा था'

ख़ुद से बातें कीं तो जाकर गर्म हुए
रिश्तों का ज़ीरो से नीचे पारा था

दिन में अब वो भी तारे दिखलाते हैं
जिनकी थाली में कल चाँद उतारा था

उसका घर लोगों के दिल में है नवनीत
कब मंदिर, मस्जिद, गिरजा गुरुद्वारा था

# 7. तीर तो हैं कमान है कि नहीं

तीर तो हैं कमान है कि नहीं
सामने वो है ध्यान है कि नहीं

तुमने मेह्मां किया था ज़ुल्मत को
अब वही मेज़बान है कि नहीं

बेघरों में ये शोर कैसा है
सर पे इक आसमान है कि नहीं

दूसरा कोई और तुझ-सा नहीं
अब भी ऐसा गुमान है कि नहीं

लोहा लोहे को काट डालेगा
यार इतना भी ज्ञान है कि नहीं

ख़्वाब में चलते रहते हैं हम लोग
क्या बताएँ थकान है कि नहीं

# 8. तू नहीं तो फिर बिरादर! कौन करता है

तू नहीं तो फिर बिरादर! कौन करता है
तेज़ तेरे मेरे ख़न्जर कौन करता है

अपनी आँखों को समुंदर कौन करता है
भीगा भीगा सारा मंज़र कौन करता है

मुस्करा कर क़त्ल करना है नया फ़ैशन
आम अपने तल्ख़ तेवर कौन करता है

केंचुओं-सी रेंगने की पड़ गई आदत
बात भी अब सर उठा कर कौन करता है

वो उदासी पुत गई है सर्द चेहरों पर
अब ख़ुशी को अपना ज़ेवर कौन करता है

सब वफ़ादारों की सफ़ में आके बैठे हैं
साज़िशें आख़िर बताकर कौन करता है

## 9. माना ये दीवार ज़िंदा है अभी

माना ये दीवार ज़िंदा है अभी
कुछ मेरा उस पार ज़िंदा है अभी

मेरी हाँ मजबूरियों की लाश है
दिल का हर इनकार ज़िंदा है अभी

नफ़रतों की धुंध को भी है पता
इस जहां में प्यार ज़िंदा है अभी

ख़ुदकुशी कर ली कबीले ने मगर
एक अदद सरदार ज़िंदा है अभी

कारगर भी कर दवाओं को ज़रा
देख ले बीमार ज़िंदा है अभी

आप क्या समझे कि पर्दा गिर गया
आख़िरी किरदार ज़िंदा है अभी

## 10 . किसने भेजा है इसको कुछ देकर

किसने भेजा है इसको कुछ देकर
मौत आई है ज़िंदगी लेकर

तीरगी अजनबी न हो जाए
दूर आँखों से अपनी तारे कर

आ परख प्यार है कि नाटक है
आ किसी दिन, ये बिन बुलाए कर

तेरी हाँ ना ने मुझको तोड़ दिया
हाशिये से मुझे किनारे कर

और मंज़िल का लुत्फ़ आने दे
रास्ते और टेढ़े-मेढ़े कर

सामने जो है काम अच्छा है
और सब छोड़ इसको पहले कर

ख़ौफ़ सायों का है अगर तुझको
खुद को फिर रात के हवाले कर

## 11. बहुत मुँहज़ोर था लहजा ह़मारा

बहुत मुँहज़ोर था लहजा हमारा
हमीं तक टल गया आना हमारा

दवा का शुक्रिया, काफ़ी असर है
हुआ है ज़ख़्म कुछ गहरा हमारा

बहुत शिद्दत से कोई याद चमकी
धुले हम धुल गया साया हमारा

तुम्हें अल्फ़ाज़ क्यों चुभने लगे अब
यही पहले से था लहजा हमारा

तअल्लुक़ इश्क़ का तो ग़ैब से है
मियाँ सच्चा था अंदाज़ा हमारा

किताबों की तरह थे अनपढ़ों में
किसी को भेद क्या मिलता हमारा

## 12. कल तो थी आनबान मुश्किल में

कल तो थी आनबान मुश्किल में
आज है जिस्मोजान मुश्किल में

जो सुखी हैं, उन्हें ग़रज़ क्या है
लोग करते हैं दान मुश्किल में

धुंध ग़ायब, हवा भी है ख़ामोश
अब है मेरी उड़ान मुश्किल में

धूप ख़ेमे लगा के बैठ गई
पड़ गए साएबान मुश्किल में

सब्र धरती का आज़माते हुए
पड़ गया आसमान मुश्किल में

इक दिया आँधियों से जूझ गया
आज है ख़ानदान मुश्किल में

इक पियादे की नुक्ताचीनी पर
क्यों हैं आलाकमान मुश्किल में

## 13. अगरचे सच हूँ मगर इश्तिहार लगता हूँ

अगरचे सच हूँ मगर इश्तिहार लगता हूँ
मैं अपने आप को भी नागवार लगता हूँ

हरेक झूठ पे तेरे यक़ीन है मुझको
बता तो कैसे तुझे होशियार लगता हूँ

ये रोशनी है समझती है मुझको तीरअंदाज़
ये तीरगी है जिसे ख़ाकसार लगता हूँ

न मेरा शोर सुना जाए है न ख़ामोशी
मैं लोकतंत्र का उजड़ा दयार लगता हूँ

मैं देखता ही तो आया हूँ सब ख़मोशी से
गुबार हो के भी सबको क़रार लगता हूँ

तुम एक पूरी सदी हो मगर उदास भी हो
मैं एक लम्हा सही खुशगवार लगता हूँ

भला हो नींद का, ख़ाबों में सल्तनत है मेरी
मैं जागता हूँ तो फिर बेवक़ार लगता हूँ

भरम बना के रखा है ये मेरे रहबर ने
सवार और है लेकिन सवार लगता हूँ

## 14 .कभी ये शह्र का मंज़र उदास करता है

कभी ये शह्र का मंज़र उदास करता है
कभी ये आँख का पत्थर उदास करता है

जो घर से निकलें तो गलियाँ उदास करती हैं
रहें जो घर में तो फिर घर उदास करता है

ये एक रीढ़ हमें रोकती है झुकने से
ये एक झुकता हुआ सर उदास करता है

ख़ुशामदीद कहेगा मगर यक़ीन करो
सियासतों का पयम्बर उदास करता है

मैं चाहता हूँ कि मेरी ख़ुशी मिले सबको
यही उसूल तो अक्सर उदास करता है

गिला नहीं है हमें कोई नाउम्मीदी से
मगर ये आस का लश्कर उदास करता है

हवा में तैरती चिड़िया पे नाज़ है मुझको
ज़मीं पे टूटा हुआ पर उदास करता है

बुआई ख़ाबों की रोज़ाना करता रहता हूँ
दिल ऐसा रक़्बा है बंजर, उदास करता है

उसी से मिलने की उठती है क्यों तलब नवनीत
वो एक शख़्स जो मिल कर उदास करता है

## 15. तेरी नज़र में तो क़िस्सा तमाम है अपना

तेरी नज़र में तो क़िस्सा तमाम है अपना
तू मुझको छोड़ बहुत एहतिमाम है अपना

तुम्हें गुलामी से बचने का कैसे देगा सबक़
वो एक शख़्स जो ख़ुद ही गुलाम है अपना

पड़ी है धूल- सी मुद्दत से ज़िक्र पर उनके
मुग़ालता था जिन्हें 'नाम-वाम' है अपना

उन्हीं उदास लबों को हँसा के रोना फिर
यही शग़ल तो मियां सुब्ह शाम है अपना

कोई भी कार-ए-नुमायां गिना नहीं सकते
ये साँसें लेना फ़क़त कामधाम है अपना

ये झुलसे झुलसे हुए पेड़ आ रहे हैं नज़र
यहाँ तक आओ, यहीं तो क़याम है अपना

## 16. काम आसान नहीं ख़ुद का ही क़ातिल होना

काम आसान नहीं ख़ुद का ही क़ातिल होना
और फिर अपने जनाज़े में भी शामिल होना

ज़ह्न से देखें तो कामिल नहीं दिखती दुनिया
देखने को तो ज़रूरी है मियाँ, दिल होना

ये रहा दिल, ये मेरी सोच ये मेरा चेहरा
मेरी मुश्किल है कि आता नहीं मुश्किल होना

अक़्ल वालो, यहाँ दिल ही की चला करती है
अब किसी और के हल्क़े में ही दाख़िल होना

मर्तबा पा न सका कोई मेरे दुश्मन का
मुझको रास आया फ़क़त अपने मुक़ाबिल होना

संग मीलों से लिपट जाना, ये रोना कैसा
अब ज़रूरी है तेरा जानिब-ए- मंज़िल होना

ज़र्बो-तक़सीम से तन्हाई मिला करती है
तू ने सीखा ही नहीं शामिल-ए-महफ़िल होना

उस की चाहत में न यूँ डूब नहीं तो इक दिन
होगा दुश्वार तेरा ख़ुद को भी हासिल होना

ये अलग बात, समंदर ने बड़ी कोशिश की
हम को 'नवनीत' नहीं आ सका साहिल होना

## 17. झुक गया आसमान लगता है

झुक गया आसमान लगता है
ये ज़मीं का बयान लगता है

कब से ज़िंदा है ऐसे आलम में
आदमी सख़्तजान लगता है

ख़त्म किरदार हो गए, लेकिन
और है दास्तान, लगता है

क़त्ल के चश्मदीद तो सब थे
मुद्दई बेज़ुबान लगता है

एक दिल था जो ढह गया, और अब
वो मुझे ला-मकान लगता है

हाथ जोड़े जो मुस्कराते हुए
अब वही हुक्मरान लगता है

एक है तू और एक मैं हूँ, बस
कौन फिर दरम्यान लगता है

मसअला पेट का है अब साहिब
इश्क़ में किसका ध्यान लगता है

## 18. ये जीवन है सतत मझधार फिर क्या

ये जीवन है सतत मझधार फिर क्या
जो डूबे हम न उतरे पार फिर क्या

लहू था दर्द भी था ज़ख़्म भी थे
सुनी बस आपने झंकार फिर क्या?

हुए हैं नर्म फिर अल्फ़ाज़ उसके
बिछड़ने के हैं ये आसार फिर क्या!

मेरा सच से तअल्लुक़ ख़त्म क्यों हो
जो ख़ुद से है मेरी तकरार फिर क्या!

यहीं क्यों छोड़ जाना है सभी कुछ
यहीं आना है फिर इक बार फिर क्या

महब्बत ज़िंदगी से कम नहीं थी
अधिक था मौत से इसरार, फिर क्या

ठिठक कर रह गया हूँ आइने में
यही है आहनी दीवार फिर क्या

बहुत हँसते थे जब मिलते थे दोनों
अगर रोना है अब दुश्वार, फिर क्या!

## 19. हैं आँखें आँसुओं से तर? नहीं तो!

हैं आँखें आँसुओं से तर? नहीं तो!
भिगोना है कोई मंज़र? नहीं तो!

कोई अफ़सोस कोई डर? नहीं तो!
हम अपने आपे से बाहर? नहीं तो!

कहीं इलज़ाम रुसवा हो न जाये
तुम्हारी पीठ में ख़ंजर? नहीं तो!

हवेली से यही फ़रमान आया
कहूँ जैसा तू वैसा कर, नहीं तो!

जहां में आके तू ख़ुश हो रहा है
मिले दुख दर्द के लश्कर? नहीं तो!

तुम उसको याद करते हो? बजा है
बताओगे उसे मिलकर? नहीं तो!

## 20. तेरे बिन उसके दर्पण में क्या होगा

तेरे बिन उसके दर्पण में क्या होगा
साफ़ उदासी का चेह्रा दिखता होगा

मरने से परहेज़ नहीं लेकिन प्यारे
मुझमें तो तू भी है तेरा क्या होगा

आँखों में हैं इतने कंकड़ पत्थर तो
दिल के रस्ते में कितना मलबा होगा

वादे सारे बारी बारी डूबेंगे
मजबूरी का तेज़ अगर दरिया होगा

बिन उसके होना भी कितना मुश्किल है
जी, ये मुश्किल है लेकिन करना होगा

जिन बेंचों पर रोना धोना करते थे
उन पर अब भी हर लम्हा पसरा होगा

जिन पलकों पर टूटी कश्ती दिखती है
उन आँखों में और भी जाने क्या होगा

## 21. ये मेरी ज़ात को भी भरोसा हो गया है

ये मेरी ज़ात को भी भरोसा हो गया है
जो कल तक था मेरा वो, किसी का हो गया है

उसे दिखती कहाँ है कोई तारीक वादी
जो सूरज परबतों का मुजारा हो गया है

रहे होंगे वो अव्वल वफ़ा के इम्तिहां में
जिन्हें अश्कों का हासिल वज़ीफ़ा हो गया है

मैं रक़बा हूँ वो साझा, जो मौके से है ग़ायब
मेरा चेहरा तो देखो, ततीमा हो गया है

निगाहें गिर रही हैं सभी की आके जिसमें
था मेरा जिस्म लेकिन वो कासा हो गया है

किसी की आँख रोई, कहीं चीख़ा भी कोई
कहीं बस सिसकियों से गुज़ारा हो गया है

नहीं सुनता किसी की, सुनाता भी नहीं कुछ
सुना है आजकल वो फ़रिश्ता हो गया है

किनारे साथ ही थे मगर अब हैं कहाँ वो
था दरिया नाम जिसका कुहासा हो गया है

दिखायी दे रहा हूँ मैं ख़ुद को साफ़ अब तो
हुआ जो दूर ख़ुद से करिश्मा हो गया है

## 22. वो तुम थे जिसको तुमने ठहरने नहीं दिया

वो तुम थे जिसको तुमने ठहरने नहीं दिया
ये मैं हूँ जिसने ख़ुद को मुकरने नहीं दिया

मौसम की मार सहते रहे जिल्द बनके हम
माज़ी का इक वरक़ भी बिखरने नहीं दिया

अलफ़ाज़ कह रहे थे उसे प्यार है मगर
इसका कोई सुबूत नज़र ने नहीं दिया

रस्ता तवील, आबले पैरों में थे मगर
ख़ुद को कहीं भी हमने पसरने नहीं दिया

हम आबलों से सींच के आये थे रहगुज़र
ख़ुश हैं, तुम्हें ज़मीं पे उतरने नहीं दिया

मैंने भी जागते हुए रातें तमाम कीं
उसने भी कोई ख़ाब सँवरने नहीं दिया

वो चाँदनी जो फूट के रोयी थी रात भर
उसका कोई हिसाब सहर ने नहीं दिया

कल रात तेरी यादों के लश्कर बिफर पड़े
ख़ाबों में शोरो-गुल ने उतरने नहीं दिया

आगे निकल के आ गये मंज़िल को छोड़ कर
हमको कोई पड़ाव सफ़र ने नहीं दिया

## 23. अपने ही आस-पास रहता है

अपने ही आस-पास रहता है
किसलिए बदहवास रहता है

अपने होने से फिर बिखरने तक
साथ बस इक लिबास रहता है

हमने जाना कि जो नहीं मिलता
वो सदा आस-पास रहता है

प्यास को प्यास से बुझाते हैं
जिनका ख़ाली गिलास रहता है

तुमने 'अच्छा' कहा मुझे, लेकिन
मुझमें भी ख़ुदशनास रहता है

ढूँढ़िए सबको अब कहीं बाहर
कौन अब किसके पास रहता है

क्या सितम है कि जब मैं हँसता हूँ
कोई अंदर उदास रहता है

## 24. ये ठीक है कि यूँ तो कभी दर-ब-दर न था

ये ठीक है कि यूँ तो कभी दर-ब-दर न था
बस रह रहा था जिसमें वही मेरा घर न था

साथ उसके हर क़दम पे थी मंज़िल बहार की
मंज़िल भी था वो दोस्त फ़क़त हमसफ़र न था

रातें हज़ार चाँद ने काटी हैं मेरे साथ
छूने में फ़ासला तो मगर मुख़्तसर न था

ये किससे हमकलाम रहा हूँ मैं रात भर
कल रात आसपास तो कोई बशर न था

सूरज को घूरने का बद अंजाम ये हुआ
सँवरी जो चाँदनी तो कोई दीदावर न था

होंठों से दिल की बात लरज़ कर पलट गयी
पर ये भी सच नहीं है कि दिल में ग़दर न था

आया जो लेने जान को ग़म कह गया मुझसे
जो चारागर था तेरा वही चारागर न था

जिसके सबब से जीने की आदत हुई मुझे
वो अजनबी था कोई मेरा मोतबर न था

'नवनीत' आन पहुँचे हो तुम किस मक़ाम पर
तय कर चुके हो जिसको, तुम्हारा सफ़र न था

## 25. लब पे मुस्कान मगर हाथ में ख़ंजर निकले

लब पे मुस्कान मगर हाथ में ख़ंजर निकले
दोस्त मेरे मेरे दुश्मन के बराबर निकले

धड़कनें तेज़ हुईं सांसें भी कुछ थम सी गयीं
दिल की गलियों से तिरी याद के लश्कर निकले

कैसे जज़्बों की कोई फ़स्ल उगाता प्यारे
सबके अहसास के रक़्बे यहां बंजर निकले

दिल की गलियों में जहां तुझसे मिला करता था
बिन तिरे जब भी गया, दर्द के दफ़्तर निकले

ख़ाब में भी कभी मुमकिन न हुआ मेरा ये ख़ाब
ढूँढ़ने दरिया को बेताब समंदर निकले

लौट कर आने पे मारे ही तो जाते आख़िर
वो पियादे जो किसी ग़ैर की शह पर निकले

एक ही शख़्स पे कब ख़त्म हुई है दुनिया
ये भी मुमकिन है कोई मुझसे भी बेहतर निकले

# 26. ख़ुद को तुम से ज़रा जुदा रक्खूँ

ख़ुद को तुम से ज़रा जुदा रक्खूँ
यानी मैं ख़ुद से फ़ासिला रक्खूँ

तू कि होकर भी जब नहीं होता
देख मैं तब भी सिलसिला रक्खूँ

आज सूरज ने मुझको समझाया
शाम ढलने पे हौसला रक्खूँ

याद के लश्करों ने लूटा है
किसके आगे ये मुद्दआ रक्खूँ

लब पे मुस्कान की है ज़िद यानी
मैं भी सीने में आबला रक्खूँ

ये तेरी आँख क्या नहीं काफ़ी
सामने क्यों मैं आइना रक्खूँ

दर्द, आँसू, उदासियाँ, आहें,
एक दिल किस क़दर भरा रक्खूँ

तू कहे तो मैं उम्र भर के लिए
दिल की दहलीज़ पर दिया रक्खूँ

फिर भला कैसे कोई फिसलेगा
मैं जो आँगन को खुरदुरा रक्खूँ

जो भी पढ़ना है पढ़ निगाहों से
क्यों मैं लफ़्ज़ों में वाक़या रक्खूँ

कोई राहत नहीं मिली जिससे
नाम क्यों उसका मैं दवा रक्खूँ

दिल के कागज़ से वो नहीं मिटता
किसलिए फिर मैं हाशिया रक्खूँ

आँच 'नवनीत' कब तलक सहिये
क्या कोई नाम दूसरा रक्खूँ?

## 27. हवा है तू तेरी ताक़त का कुछ ठिकाना क्या

हवा है तू तेरी ताक़त का कुछ ठिकाना क्या
मैं ख़ुश्क पत्ता हूँ फिर मुझको आज़माना क्या

अलाव दर्द का मैं ख़ुद जलाये रखता हूँ
वगरना बुझने में लगता है इक ज़माना क्या

बयान नींद में करते हो बड़बड़ाते हुए
समझ में आएगा कैसे कि है फ़साना क्या

पुरानी चोटों के दिल पर निशान हैं अब भी
ये टूटा-फूटा है तो इसका फिर निशाना क्या

तेरे हुज़ूर बड़ी झील बन गया वरना
मैं ख़ुश्क सहरा भला मेरा डबडबाना क्या

कड़ी है धूप सुलगता है रेगज़ार मगर
तुम्हारी याद ने ताना है शामियाना क्या!!

दयारे-दिल में दहकते हैं तेरे ख़त अब तक
नदी में आग लगेगी इन्हें बहाना क्या

बिछड़ के तुम से जो अब खिलखिला रहा है कहीं
उसी के साथ हँसी को किया रवाना क्या

तेरे ख़याल का जलता अलाव हूँ अब मैं
सुलग रहा हूँ सुलगने दे अब बुझाना क्या

फ़लक पे रहना किसी का ग़लत नहीं लेकिन
बिना ज़मीन के मिलता है आबो-दाना क्या

मेरे अज़ीज़ो मुझे छोड़ दो बढ़ो आगे
शजर जो सूख गया उसपे सर टिकाना क्या

अज़ाब सारे हमीं पे हुए हैं नाज़िल क्यों
ख़राब हमने किया है ख़ुदा का ख़ाना क्या

अजीब बेहिसी लोगों पे छायी है 'नवनीत'
किसी का चीख़ना क्या ? रोना, गिड़गिड़ाना क्या

# 28. तुम्हारे क़दमों की आहट बचा के लौट आया

तुम्हारे क़दमों की आहट बचा के लौट आया
मैं अपने जीने का सामां उठा के लौट आया

तुम्हारे गाँव में सबसे मिला तुम्हीं न मिले
मैं अपनी आँखों में झरने छुपा के लौट आया

मुक़द्दमा है महब्बत का उम्र से जारी
मैं फिर से दर्द की पेशी पे जा के लौट आया

गया था धूप का लश्कर जो रोशनी देने
वही पहाड़ की चाँदी चुरा के लौट आया

गया था बाँटने बस्ती में क़हक़हे लेकिन
मैं अपने होंठों पे चुप-सी लगा के लौट आया

खरोंचें वक़्त की गहरी थी सो ये सूरत की
मैं अपने चेहे पे चेहरा लगा के लौट आया

घर अपने साथ उसे देवता के रखने को
गली से उसकी मैं पत्थर उठा के लौट आया

## 29. तब आसां दीदार उसका हो जाता है

तब आसां दीदार उसका हो जाता है
जब तू मेरा आईना हो जाता है

एक पुराने सावन की याद आते ही
जी! दिल का आँगन गीला हो जाता है

लिपटे जब है याद की मिट्टी पैरों से
पक्का आँगन भी कच्चा हो जाता है

मेरे ज़ब्त की ऊँचाई को देखते ही
ग़म का हर पर्वत बौना हो जाता है

इश्क़ की सरगम में 'धा' 'नी' है दूर बहुत
आशिक़ 'सा' 'रे' में पूरा हो जाता है

पर्वत की छाया से बाहर होते ही
हर छोटा झरना दरिया हो जाता है

तेरे हिज्र में तुझसे बतियाने वाला
भीड़ में आते ही गूँगा हो जाता है

था जो बाग़ वहीं अब है तपता सहरा
इक दिल का भी क्या से क्या हो जाता है

भूल के उसको हँसना मुश्किल है नवनीत
धीरे धीरे ये होगा हो जाता है

## 30. दिल की बातों में आ ही जाती है

दिल की बातों में आ ही जाती है
ज़िन्दगी क्यों फ़रेब खाती है

याद तेरी है नदी जिसमें
ज़ब्त की नाव डूब जाती है

सारे पर्दे हटा दिए मैंने
धूप अब मुस्कुराती आती है

उसने तक़सीम कर दिया आँगन
कब ये दीवार जान पाती है

धूप ससुराल जा बसी जबसे
चाँदनी बन के मिलने आती है

जब से चिट्ठी है लापता तब से
फ़ोन पर 'हाय' घनघनाती है

पहले दफ़्तर शिकार करता है
फिर रसोई उन्हें पकाती है

## 31. बेख़ुदी मुझमें ख़ला चाहती है

बेख़ुदी मुझमें ख़ला चाहती है
और फिर मेरी रज़ा चाहती है

फिर मेरी आँखों में सूरज डूबा
शाम-सी दिल में हुआ चाहती है

कितने पैबंद लगाऊँ आख़िर
ज़िंदगी कैसी क़बा चाहती है

अश्क सूखे हैं, घुटन रोने को
आज कुछ हमसे नया चाहती है

मोम भी पहने हुए है ये हयात
घर भी सूरज से लगा चाहती है

एक नमकीन फ़ज़ा माज़ी की
रोज़ इक ज़ख़्म खुला चाहती है

है अजब दिल की ये बीमारी भी
अपने क़ातिल से शिफ़ा चाहती है

ज़िक्र तक भी न करें पानी का
प्यास हमसे ये अदा चाहती है

हाथ तहज़ीब ने बाँधे वरना
दिल्लगी क्या न किया चाहती है

# 32. जो समुंदर को याद आती है

जो समुंदर को याद आती है
वह नदी राह भूल जाती है

ऐसे चिड़िया नज़र उठाती है
बाज़ की आँख सकपकाती है

दूर क़ुरबत ही ले के जाती है
मुद्दतों में ये अक़्ल आती है

क्यों अँधेरे भी काँप उठते हैं
चीख़ जब रोशनी से आती है

मौत आती है एक झपकी में
ज़िन्दगी आते-आते आती है

मौत के आख़िरी जज़ीरे तक
ज़िन्दगी तैरना सिखाती है

ख़ार माज़ी के हैं कई जिनसे
दिल की सीवन उधड़ ही जाती है

तू मेरा आफ़ताब है लेकिन
तेरी गर्मी बदन जलाती है

## 33. बन के सिक्के जो खनखनाती है

बन के सिक्के जो खनखनाती है
वो हँसी पिक्चरों में आती है

रूह चरख़ा है, ऊन उल्फ़त की
जितना मुमकिन था उतनी काती है

उतने ज़ाहिर कहाँ हैं वार उनके
जितनी शफ़्फ़ाफ़ अपनी छाती है

दूर वालों से क्या भला शिकवा
वो जो क़ुरबत है क़हर ढाती है

एक मुस्कान रख ले चेहरे पर
ये सियासत के काम आती है

ज़िंदगी आ बसी है आँखों में
अब नज़र किसको मौत आती है

# 34. था मैं तन्हा मगर सभी का था

था मैं तन्हा मगर सभी का था
वो किसी का न था ज़माना था

क्या मज़ा था शिकार करने में
दिल का पंछी तो तुमने पाला था

अब किसी बाँध की है ख़ामोशी
जिस जगह क़हक़हों का झरना था

रंग उसको दिखाए दुनिया ने
वो जो सावन का एक अंधा था

झील सी आँखें थीं वहीं मौजूद
मैं जहां बेहिसाब डूबा था

दर्द नमकीन हो गया आख़िर
ज़ख़्म यानी हमारा कच्चा था

फ़न तो आया था ज़ब्त का लेकिन
ये बड़ी मुश्किलों से आया था

शुक्रिया धूप! तिलमिलाने का
वरना मैं चाँदनी में अटका था

अब भी क्या हर्फ़ साँस लेते हैं
मैं तेरी डायरी में ज़िंदा था

काश्त करता कोई उसे कैसे
वो उसूलों का एक रक़्बा था

अपने ख़ाबों का था मज़ार वहीं
वो जहां ख़ाहिशों का मलबा था

क्यों मेरी बेदिली पे हंगामा
फ़ारिग़ुल-दिल तो वो भी कब का था

सुब्ह ने कह दिया कि क्या जानूं
रात सूली पे कौन लटका था

कोई आया नहीं कि जिससे कहूँ
मैं इसी रास्ते से गुज़रा था

आइना देखने से डरने लगा
मुझको इस बात ही का ख़दशा था

## 35. अगर लगता है कड़वी तीरगी पसरी हुई है

अगर लगता है कड़वी तीरगी पसरी हुई है
ज़रा- सी आँख खोलो, रोशनी फैली हुई है

किसी आवाज़ से मिलती नहीं आवाज़ इसकी
वो इक आवाज़ मुझमें जो कहीं खोई हुई है

पता दोनों को है इतना मिले तो डूबना है
उफ़क़ के साथ फिर भी शाम तो लिपटी हुई है

सफ़र की आबरू रख लें चलो हम साथ चल कर
अलग पटरी से यूँ भी कब भला पटरी हुई है

हक़ीक़त का यहाँ हमला हुआ है दूर रहिए
हमारे ख़्वाब की बस्ती बहुत उजड़ी हुई है

यही चाहा था वो जो चाँद है कुछ पास आए
मगर मंज़ूर अपनी कब कोई अर्ज़ी हुई है

पहाड़ों से चली थी पारदर्शी ओढ़नी में
तो किसके ग़म में आख़िर अब नदी काली हुई है

टमाटर, प्याज़, दालें, तेल, चीनी सब में तेज़ी
मगर क्यों ज़िन्दगी पहले से भी सस्ती हुई है

मुझे तो लग रहा है हाथ पीले हो गए हैं
कि साये खिल उठे और धूप कुछ पीली हुई है

# 36. ले के ज़ख़्मे-निहां ग़ज़ल की तरफ़

ले के ज़ख़्मे-निहां ग़ज़ल की तरफ़
लौट चलिये मियां ग़ज़ल की तरफ़

आ चलें मेरी जां ग़ज़ल की तरफ़
हैं ज़मीं आस्मां ग़ज़ल की तरफ़

तेरी ख़ुश्बू ने छू लिया जब से
लौट आयी ज़बां ग़ज़ल की तरफ़

दिल के मलबे में ढूँढ़ता था जिसे
वो हुआ है अयां ग़ज़ल की तरफ़

जिसको छूने का ख़ाब-ख़ाब रहा
है वही आस्तां ग़ज़ल की तरफ़

भीड़ में दिख रहा हूँ! सच है मगर
हैं मेरे जिस्मो-जां ग़ज़ल की तरफ़

शे'रगोई है दूर हमसे, फ़क़त
हैं खड़े रायगां ग़ज़ल की तरफ़

वाह ज़ख़्मों पे फूल आ ही गए
देख तो बाग़बां ग़ज़ल की तरफ़

## 37. माना ये रात उसने बनाई हुई तो है

माना ये रात उसने बनाई हुई तो है
पर सुब्ह भी उसी की सजाई हुई तो है

सीवन उधड़ न जाए यही ख़ौफ़ है मुझे
कुछ ख़ाहिशों की ख़ूब सिलाई हुई तो है

जो मुझ में रह रहा है उसे उससे माँगना?
गंगा उलट ये मैंने बहाई हुई तो है

कट-कट के आँसुओं में बहीं दिल की किरचियाँ
क़िस्तों में मेरी ख़ुद से रिहाई हुई तो है

सिक्के ग़मों के, दर्द के, आहों के हम से लो
टकसाल तजरुबों की चलाई हुई तो है

मेरे और उसके वस्ल में बस मैं हूँ दरम्यां
हड्डी कबाब में यही आई हुई तो है

उठता है अब कहाँ से धुआँ क्या बताएं हम
सब आग-वाग दिल की दबाई हुई तो है

मैं हो सका तुम्हारा न तुम हो सके मेरे
अच्छा है साफ़ दिल से ये काई हुई तो है

देखें मुआवज़े में भी होता है क्या नसीब
रक़्बे की फिर से नाप-नपाई हुई तो है

## 38. एक मेरे ही तो घर जाना है

एक मेरे ही तो घर जाना है
और उदासी को किधर जाना है

चाहता हूँ मुझे जोड़े भी वही
जिसके छूते ही बिखर जाना है

जिसमें गंगा ही हुई हो तहलील
उस समंदर को किधर जाना है

वो तो बस झूठ की थी विज्ञप्ति
तुमने कल जिसको ख़बर जाना है

अब जिधर कोई नहीं कोई नहीं
दिल की ज़िद है कि उधर जाना है

मैंने सूरज को कहा है सूरज
ऐसे इल्ज़ाम पे सर जाना है

मैंने मंज़िल ही कहा-समझा, मुझे
उसने फिर राहगुज़र जाना है

सच तो ये है कि रुकीं साँसें अगर
हर हरारत को उतर जाना है

आप 'नवनीत' नहीं हैं खुद में
अब तो शीराज़ा बिखर जाना है

## 39. जो ये कहते थे कि मर जाना है

जो ये कहते थे कि मर जाना है
उनसे जीने का हुनर जाना है

किसने सोचा था कि खुद से मिलकर
अपनी आवाज़ से डर जाना है

हादसा मौत नहीं इन्सां की
हादसा, ख़ाब का मर जाना है

कुछ हवा, आग, ज़मीं, आब, फ़लक
फिर मुझे लौट के घर जाना है

एक बालिश्त नहीं जिसकी छाँव
तुमने उसको भी शजर जाना है

आज फिर तुमको नहीं ढूँढ़ सका
दिल को सहरा में पसर जाना है

याद की घास तो गीली है बहुत
अब धुआँ दिल पे पसर जाना है

दिल को सैराब किया अश्कों से
हमने रोने का हुनर जाना है

अपना जो भी था वो सब छूट गया
ये मगर वक़्ते-सफ़र जाना है

# 40. ये जो मुझमें अज़ाब है प्यारे

ये जो मुझमें अज़ाब है प्यारे
उसकी चुप का जवाब है प्यारे

आस अब आसमां से रक्खी है
छत का मौसम ख़राब है प्यारे

जिसके पन्ने बदलते रहते हैं
ज़िंदगी वो किताब है प्यारे

ग्लेशियर याद के पिघलते हैं
दिल हमारा चिनाब है प्यारे

इश्क़ और आशिक़ी की हद पाना
सबसे मुश्किल हिसाब है प्यारे

कट चुकी हैं तमाम ज़ंजीरें
फिर भी ख़ाना-ख़राब है प्यारे

कौन तेरा है किसका है तू भी
ऐसा कोई हिसाब है प्यारे

दिल में घुट कर भी खुशबुएँ देगी
हर तमन्ना गुलाब है प्यारे

## 41. शाम ढलने को हैं उमड़े हैं कुहासे कितने

शाम ढलने को है उमड़े हैं कुहासे कितने
अब जो ग़ुर्बत में है नानी तो नवासे कितने

चोट खाये हुए लम्हों का सितम है कि उसे
रूह के चेहरे पे दिखते हैं मुँहासे कितने

सच के क़स्बे पे मियाँ झूठ की सरदारी है
अब मचलते हैं लबों पर ही खुलासे कितने

एक हम ही हैं जो सर तान के चलते हैं यहाँ
अब इसी शहर में वाक़िफ़ हैं अना से कितने

उसके ग़म से भी मुहब्बत है तड़पते दिल को
वरना बाज़ार में बिकते हैं दिलासे कितने

मूसलाधार बरसती मेरी आँखें, बेज़ार
उसकी आँखों में नमी है तो हैं प्यासे कितने

## 42. ये माना वो ख़फ़ा है इसलिए ख़ुद से ख़फ़ा हूँ

ये माना वो ख़फ़ा है इसलिए ख़ुद से ख़फ़ा हूँ
ख़फ़ा दोनों न रह पाएँगे ये भी जानता हूँ

हरारत यूँ बढ़ी सूरत के दम पर जिस्म की भी
उबलते खौलते मौसम के नेज़े पर रखा हूँ

मेरे अंदर मेरा कुछ भी नहीं बस तू है बाक़ी
तेरे अंदर बता प्यारे मैं अब कितना बचा हूँ

मेरी माज़ी के सन्नाटे में मेरा शोर क्यूँ है
कई सदियों ने दम तोड़ा मगर ख़ुद से ख़फ़ा हूँ

कुल्हाड़ी का कोई भी तोड़ मिल पाया न अब तक
गये वो दिन मैं कहता था, कोई जंगल घना हूँ

मिलूँ ख़ुद से मैं क्या फ़ुर्सत नहीं मुझको तुम्हीं से
मैं ख़ुद का हो के भी बस तुम में रहने की रज़ा हूँ

शराफ़त को मेरी माना सभी ने ऐब मेरा
मैं ख़्वाबे-अम्न का पैकर लहू में सन गया हूँ

मुझे मुझ तक पहुँचने में लगेंगे जन्म कितने
ज़मीं से टूट कर छिटका जज़ीरा हो गया हूँ

बिलोते हैं मुझे जज़्बात, अहसासात मेरे
मुझे तपना है मैं 'नवनीत' होने की सज़ा हूँ

## 43. तपता सहरा बहता दरिया रक्खा है

तपता सहरा बहता दरिया रक्खा है
उन आँखों में जाने क्या- क्या रक्खा है

ख़ुद से बचने का भी रस्ता रक्खा है
दिल में छोटा सा दरवाज़ा रक्खा है

महफ़िल महफ़िल शोर-ओ-गुल में डूबा हूँ
यूँ ख़ुद को बाद उसके तन्हा रक्खा है

क्या होगा जब कोई थकन ये पूछेगी
तुमने भी कुछ ठौर- ठिकाना रक्खा है ?

थोड़ा -थोड़ा मरने की धुन में रम कर
हमने ख़ुद को अब तक ज़िन्दा रक्खा है

बेगाने चेह्रों से दूरी है अपनी
आईने में एक शनासा रक्खा है

## 44. पी जाती है जज़्बों को दानाई भी

पी जाती है जज़्बों को दानाई भी
तुमने यह गुत्थी ख़ुद को समझाई भी?

तुम कहते हो तो अर्ज़ी भी लिख दूँगा
ये बतलाओ होती है सुनवाई भी?

कागज़ के फूलों पर तुम ख़ुश बैठे हो
तितली कोई इन पर अब तक आई भी?

तूने मुझको तन्हा छोड़ा था लेकिन
बहरी हो गयी इस घर की तन्हाई भी

जिसको ओढ़े फिरते हो वो मैली है
तुमने यह चादर ख़ुद को दिखलाई भी?

# 45. ख़ुद से उसने निजात पा ली है

ख़ुद से उसने निजात पा ली है
राह 'नवनीत' ने निकाली है

ख़ुश्क आँखों के आसपास कहीं
दिल ने इक झील-सी बना ली है

लहलहाते हैं दर्द के पौधे
इश्क़ का बाग़, याद माली है

रौंद जाता है ये किनारों को
इसको दरिया कहें? मवाली है

एक तस्वीर को हटाया बस
दिल की दीवार ख़ाली-ख़ाली है

आप का नाम भी नहीं लेते
प्यास होठों पे अब सजा ली है

ऐ थकन! कुछ तो बोल, क्या तूने
मंज़िलों में जगह बना ली है

मैं हुआ कामयाब मर कर भी
आँख क़ातिल ने वो झुका ली है

क्या भरोसा मिलें वो या न मिलें
हमने इक आरज़ू कमा ली है

## 48. यादों के आस पास क्या करते

यादों के आस पास क्या करते
रोज़ ख़ुद को उदास क्या करते

जिसने महफ़िल को बदहवास किया
उसको हम बदहवास क्या करते

आख़िरश हमने आइना तोड़ा
थे बहुत ख़ुदशनास क्या करते

रात फिर तुझको ख़ाब में देखा
यूँ बुझाई है प्यास क्या करते

जिसका किरदार है अयां हर सम्त
हम उसे बेलिबास क्या करते

तल्ख़ियाँ बाँटी और लौट गए
और ख़ाली गिलास क्या करते

आज के दौर में जो होते वो
बोलिए तुलसीदास क्या करते

रिश्ते सूरज से जैसे थे नवनीत
चाँद के आसपास क्या करते

# 49. मुझे उम्मीद थी भेजोगे नग़मगी फिर से

मुझे उम्मीद थी भेजोगे नग़मगी फिर से
तुम्हारे शह्र से लौटी है ख़ामुशी फिर से

यहाँ दरख़्तों के सीने पे नाम खुदते हैं
मगर है दूर वो दस्तूर-ए-बंदगी फिर से

गड़ी है ज़िन्दगी दिल में कँटीली यादों-सी
ज़रा निजात मिले, तो हो ज़िंदगी फ़िर से

बची जो नफ़रतों की तेज़ धूप से यारो
ये शाख़ देखना हो जाएगी हरी फिर से

सनम तो हो गया तब्दील एक पत्थर में
मेरे नसीब में आई है बंदगी फिर से

मुझे भुलाने चले थे वो भूल बैठे हैं
उन्हीं के दर पे मैं पत्थर हूँ दायमी फिर से

## 50. तू भी अब दिल से चाहता है मुझे

तू भी अब दिल से चाहता है मुझे
देख क्या वहम हो गया है मुझे

तेरी यादों से लाल है दरिया
और ग़ज़ब ये कि तैरना है मुझे

हाँ! मैं अपना ख़याल रख लूँगा
तू मगर क्यों ये कह रहा है मुझे

तेरे बीहड़ में डेरा डाले हूँ
लूट ले जैसे लूटना है मुझे

इक खँडर में सजा हुआ सब्ज़ा
क्या बताऊँ कि क्या हुआ है मुझे

लाश काँधों पे अपने रक्खी है
खुद को ढोने का हौसला है मुझे

चाँद के सेंक ने सिखाया है
कैसे सूरज को देखना है मुझे

मुझमें बेहोश है मेरा महरम
होश आने पे ढूँढ़ता है मुझे

रुख़ हक़ीक़त का लूटता है सुकूं
बाग़ अब सब्ज़ देखना है मुझे

# 51. उसने तो बात भी न की हमसे

उसने तो बात भी न की हमसे
ले गया था जो ज़िन्दगी हमसे

सच बता रास्ते में छूट गया
या कि है प्यार वाक़ई हमसे?

ज़िन्दगी तो बहुत बड़ी शय थी
रात काटे नहीं कटी हमसे

अब उदासी का बोलबाला है
उसमें जो बात थी वो थी हमसे

सबसे रोशन है कुछ न कुछ जानां
चाँदनी तुमसे तीरगी हमसे

'मुझमें बाकी है इक सदानीरा'
कल ये कहती थी झील भी हमसे

शाम हिस्से हमारे छोड़ गया
सुब्ह करता था जो कभी हमसे

सारी महरूमियाँ सुरीली हैं
कितनी बेहतर है बाँसुरी हमसे

चश्मे-तर सूखने में आती नहीं
खुश्क होगी कहाँ नमी हमसे

## 52. जब कभी दुनिया से आजिज़ आ गए

जब कभी दुनिया से आजिज़ आ गए
रू-ब-रू ख़ुद से हुए उकता गए

छुप गया मुस्कान का ख़ंजर कहीं
चंद बादल ख़ौफ़ बन कर छा गए

लोग शर्माते रहे ग़ैरों पे ही
एक हम जो ख़ुद पे ही शरमा गए

प्यार था हमसे बुज़ुर्गों को बहुत
कुछ सलीबें वो मगर बनवा गए

मील के पत्थर को मंज़िल मान कर
चलते-चलते यार हम पथरा गए

वे तो दीवाना है उसको फ़िक्र क्या
आप ज़ंजीरें किसे पहना गए

# 53. किसी के ग़म की मार ने बड़ी हसीन मार की

किसी के ग़म की मार ने बड़ी हसीन मार की
कि चोट खा के गा रही है रूह मुझ सितार की

ले देख बन गई न आज! खाई इक दरार की
उजड़ गई वो वादियां जो दिल में थी चिनार की

बिछड़ के भी मैं उससे खिलखिला रहा हूँ इसलिए
कि रौनक़ें बनी रहें उस इश्क़ के मज़ार की

'मैं ख़ुश हूं' उसने ये कहा था फ़ोन पर मुझे मगर
उभर रही है दिल में शक्ल कैसे ज़ख़्म-ए-यार की

अब आंच, वार, भट्ठियाँ नसीब उनका हो गईं
निगाह पड़ गई है जिनपे वक़्त के लुहार की

सुलग-सुलग के जल गया, बुझा अगर तो फिर जला
जो की है मैंने ज़िन्दगी, थी ज़िन्दगी सिगार की

लिखा है जो वो सच नहीं जो सच था वो लिखा नहीं
बयाज़े-ज़िन्दगी है जैसे बात इश्तिहार की

वो पत्थरों की फ़िक्र क्या, वो ज़हमतों का ज़िक्र क्या
कि आबलों पे कब नज़र गई किसी कहार की

## 54. ले के आए थे हम नेकियाँ

ले के आए थे हम नेकियाँ
ले के जाते हैं अब तल्ख़ियाँ

चाँद सूरज हैं फुटपाथ पर
बंद हैं जब सभी खिड़कियाँ

भूख का यह पलटवार है
हादसा बन गईं रोटियाँ

कर चुके जिस्म को जिल्द हम
अब कहाँ गर्मियाँ सर्दियाँ

ज़लज़लों से उन्हें ख़ौफ़ क्या
जिनकी मल्बों पे हैं कुर्सियाँ

## 55. कभी नफ़रत कभी डर बुन रही है

कभी नफ़रत कभी डर बुन रही है
सियासत कैसे मंज़र बुन रही है

ठिठुरने लग गया है तब से जाड़ा
एक औरत जब से स्वेटर बुन रही है

कहाँ हैं क़हक़हों के ताने बाने
उदासी एक चादर बुन रही है

ज़माने रेशमी हैं, मख़मली हैं
हमारी क़ौम खद्दर बुन रही है

उलझती जा रही है सोच उसकी
न जाने कैसा चक्कर बुन रही है

## 56. वो सूरज ढल रहा है

वो सूरज ढल रहा है
मुसाफ़िर चल रहा है

हमारे ख़ाबों में तो
हमेशा कल रहा है

नहीं हैं आइने हम
ज़माना टल रहा है

पकेंगे, वक़्त अपना
हमें ही खल रहा है

हुए हैं ख़ुश्क दरिया
समुंदर जल रहा है

## 57. लफ़्ज़ों में तो शामिल है वो मगर मआनी से ग़ायब

लफ़्ज़ों में तो शामिल है वो मगर मआनी से ग़ायब
जिसने सब किरदार जिए हैं वो ही कहानी से ग़ायब

झील सी उसकी गहरी आँखें ख़ुश्क़ पड़ी हैं किस दुख से
ऐसा क्यों लगता है जैसे पानी पानी से ग़ायब

एक थे हम कि चैन से पल भर टिकना भी मंजूर न था
और एक आज के बच्चे हैं सारे शैतानी से ग़ायब

हैरत है ईमान की बातें उनके मुँह पर रहती हैं
सबके हक़ जो कर देते हैं बेईमानी से ग़ायब

बहुत मशक़्क़त करनी पड़ती है इक झूठ छुपाने में
सच का क्या है हो जाता है ये आसानी से ग़ायब

# 58. अजब क्या जो सहूलत चुन रही है

अजब क्या जो सहूलत चुन रही है
वो बस अपनी हिफ़ाज़त चुन रही है

बड़ी होकर मिलेगी ज़िंदगी से
अभी बच्ची शरारत चुन रही है

तअज्जुब से हमें तारों ने पूछा
तुम्हें कैसे फ़रागत चुन रही है

ये खुद में झाँकना कितना है मुश्किल
मुझे अब भी ये ज़हमत चुन रही है

शुगर वालों को अब मीठे से मारो
क़यादत ये ज़ियाफ़त चुन रही है

## 59. सिकंदर हो गया हूँ

सिकंदर हो गया हूँ
मैं बेघर हो गया हूँ

बहुत काटा है सबने
बराबर हो गया हूँ

चले जो अपनी जानिब
वो ख़ान्जर हो गया हूँ

हुई ये बात किससे
मैं पलभर हो गया हूँ

हैं मुझमें सारे मौसम
कैलेंडर हो गया हूँ

## 60. वो लुट कर आई फ़ाक़ा था सुना है

वो लुट कर आई फ़ाक़ा था सुना है
बदन पर उसके गहना था सुना है

नहीं मिलती यहाँ पानी की बूँदें
इसी मिट्टी में सोना था सुना है

सुनाओ मत मुझे क़िस्से पुराने
वतन सोने की चिड़िया था सुना है

जिसे कहती है आदमख़ोर दुनिया
कभी इन्सान होता था सुना है

बची है अपनी आँखों में नमी बस
कभी इक ख़्वाब होता था सुना है

ये कल की बात है हैरान मत हो
मैं अपने साथ होता था सुना है

हवेली पहले भी सूनी थी लेकिन
कोई आवाज़ देता था सुना है

मुझे दिखता है रेगिस्तान जिनमें
उन्हीं आँखों में दरिया था सुना है

जिन्हें मंज़िल भी जीना चाहती थी
उन्हें रस्तों ने मारा था सुना है

# 61. ख़ुश्क मंज़र को जो बरसात बता सकते हैं

ख़ुश्क मंज़र को जो बरसात बता सकते हैं
बस वही वक़्त को औक़ात बता सकते हैं

शह्र को लगता है बस गाँव उसे चाट गया
भेड़िया कौन है देहात बता सकते हैं

एक चिड़िया थी, गुरु भी था, सभी भूल गए
हम कहानी के वो सफ़हात बता सकते हैं

सिर्फ़ अपनों के लिए मैं हूँ पहेली अब तक
ग़ैर तो यूँ भी मेरी ज़ात बता सकते हैं

मौत पूछे तो बताएँ उसे क्या क्या नवनीत
ज़िंदगी हम तो तेरी बात बता सकते हैं

# 62. ये और बात है कि उजाला नहीं गया

ये और बात है कि उजाला नहीं गया
लेकिन जो दाल में था वो काला नहीं गया

सब खुश थे सुन के जंग की बातें मगर इधर
पहरों हमारे मुँह में निवाला नहीं गया

मैं जिससे रूठ आया था उसमें हूँ, और अब
मुझमें पड़ा है रूठने वाला नहीं गया

वो झूठ बोलते हैं उन्हें मत कहो अदीब
ग़ज़लों में जिनकी वक़्त को ढाला नहीं गया

नवनीत सब ये कहते हैं मंज़र का था क़ुसूर
सच ये है उनकी आँखों से जाला नहीं गया

## 63. भरी बहार में बर्बाद हो के सूख गए

भरी बहार में बर्बाद हो के सूख गए
ग़रीब लोग तो आज़ाद हो के सूख गए

मोहब्बतों का अभी तक है पहले जैसा रुख़
चटानें काटीं तो फ़रहाद हो के सूख गए

न जाने कितने ही मुल्कों पे है हवस की नज़र
कुछे एक शह्र तो बग़दाद हो के सूख गए

तमाम बुझती सी आँखों की आस टूट गई
तमाम फूल जो औलाद हो के सूख गए

कुछ उसके पास भी पानी था कम तसल्ली का
कुछ अपने ज़ख़्म भी फ़रयाद हो के सूख गए

अँगूठा छापों के घर में सदा बहारें रहीं
इधर हैं हम कि जो उस्ताद हो के सूख गए

ख़राब क्यों न लिखा जाये आज भी नवनीत
जो अच्छा लिखते थे नक़्क़ाद हो के सूख गए

# 64. अब ये खोटे खरे हुए हैं क्या

अब ये खोटे खरे हुए हैं क्या
और ज़िंदा मरे हुए हैं क्या

मुस्कराहट सुकून वाली है
लोग ख़ुद से डरे हुए हैं क्या

एक चादर में कैसे खुश हैं आप
पाँव सर पर धरे हुए हैं क्या

क्या कहा हाँ में सर हिलाएँ हम
आप भी मसखरे हुए हैं क्या

ख़्वाब तो बेशुमार देखे हैं
ख़्वाब सच्चे अरे!! हुए हैं क्या

## 65. रोशनी जब कमाल करती है

रोशनी जब कमाल करती है
तीरगी भी सवाल करती है

आजकल इश्तेहारबाज़ी से
मुफ़लिसी मालामाल करती है

वो हैं कमज़र्फ़ जो ये कहते हैं
ज़ीस्त जीना मुहाल करती है

उनको ग़ैरत से क्या जिन्हें अक्सर
बेहयाई निहाल करती है

बारिशें आएँ बारिशें जाएँ
अब नदी ख़ुद को ताल करती है

बोलना भूल गया जाओगे नवनीत
सच की आदत ये हाल करती है

# 66. दिलो दिमाग़ से जो बेहिसी को बुन लेगा

दिलो दिमाग़ से जो बेहिसी को बुन लेगा
ग़रीब शख़्स कुछ इक गालियाँ भी सुन लेगा

शरारतों के बहाने मेरे लिए रक्खो
शराफ़तों के फ़साने कोई भी सुन लेगा

बयान सामने रक्खे थे हर तरह के मगर
किसे ख़बर थी कि वो ख़ामुशी ही चुन लेगा

शऊर बात में पैदा वो कर कि झूमें लोग
तुम्हारे क़िस्सों पे कोई भी सर को धुन लेगा

तू आ तो सामने हीरे तलाशने वाले
कोई भी पारखी तेरे हुनर को गुन लेगा

# 67. मेह्रबाँ मेह्रबाँ हुआ कि नहीं

मेह्रबाँ मेह्रबाँ हुआ कि नहीं
वो जो बिछड़ा था फिर मिला कि नहीं

भीड़ माना थी आसपास तेरे
कोई अपना मगर मिला कि नहीं

जब से तुझको डसा है अपनों ने
ग़ैर ने फिर तुझे डसा कि नहीं

सर से पाँवों तलक है कर्ज़ का बोझ
तुझको अब भी पता चला कि नहीं

तुझको सच बोलने की आदत थी
साथ तेरे कोई बचा कि नहीं

आग अक्सर लगाए फिरते हो
वो जो इक घर भी था रहा कि नहीं

# 68. मर ही जाएँ तेरे बीमार ज़रूरी तो नहीं

मर ही जाएँ तेरे बीमार ज़रूरी तो नहीं
और तू ही हो गुनहगार ज़रूरी तो नहीं

सबका हो एक ही आँगन बहुत अच्छा है मगर
नेस्तनाबूद हो दीवार ज़रूरी तो नहीं

वो जो सच्चाई की करता हो मुनादी हरदम
वो भी हो सच का परस्तार ज़रूरी तो नहीं

नन्हीं चिड़िया की कोई चीख़ नहीं पढ़ पाया
सब बयां करते हों अख़बार ज़रूरी तो नहीं

कहने सुनने का वहाँ हक़ तो है सबको लेकिन
सबकी सुन ले तेरा दरबार ज़रूरी तो नहीं

हर क़बीले में अब इक फ़िक्र उभर आई है
एक ही घर से हों सरदार ज़रूरी तो नहीं

## 69. चैन का दलदल हो जैसे

चैन का दलदल हो जैसे
दर्द मुसलसल हो जैसे

सहरा में इक नाम तेरा
काला बादल हो जैसे

क्या जीना मरने का तो
ख़तरा हर पल हो जैसे

रूह अभी तक ख़ौफ़ में है
दुनिया चंबल हो जैसे

तन्हाई दिल से लिपटी
आँखों में काजल हो जैसे

## 70. मजबूरी थी सजदा करना क्या करता

मजबूरी थी सजदा करना क्या करता
एक से थे सब ज़िंदा मुर्दा क्या करता

उसके ग़म में और इज़ाफ़ा क्या करता
शह्र में उसके कोई ठिकाना क्या करता

इश्क़ है दीवाना तो ज़िम्मेदार भी है
उसने कहा था आशिक़ लहना क्या करता

अबके फूल उगाए मलबे पर मैंने
दिल कूचे में और तमाशा क्या करता

हमलाआवर तोते चिड़ियाँ कव्वे थे
ऐसे में बेजान बिजूका क्या करता

गूँगा कर डाला है सारे सच्चों को
इससे बेहतर रहम ज़माना क्या करता

झूठ असलहे किस्म किस्म के ले आया
सच का पैरोकार निहत्था क्या करता

मैंने पूछा शाम ढले क्यों बैठ गए
मेरा दिल ये मुझसे बोला क्या करता

# 71. ख़ुद में शामिल रहने दे

ख़ुद में शामिल रहने दे
कुछ तो हासिल रहने दे

ताड़ बना तू ताड़ के ही
लेकिन तिल-तिल रहने दे

देख लिया यह इल्म तेरा
हमको जाहिल रहने दे

मोम पिघलने लगता है
सीने को सिल रहने दे

दिल की सुन कर हारे हैं
अब ये दिल विल रहने दे

दिन को दिन कह पाएँ हम
बस इस क़ाबिल रहने दे

जो जीना उसको लिखना
होगी मुश्किल रहने दे

## 72. अब वो इंसान कहाँ पिछले ज़माने वाले

अब वो इंसान कहाँ पिछले ज़माने वाले
तूने सोचा ही नहीं तीर चलाने वाले

हम ने महफ़िल को अजब रंग दिया है कि जहाँ
ख़ामुशी चुनने लगे लफ़्ज़ उठाने वाले

एक की चार बनाएगा तो क्या पाएगा
बात को एक ही रख बात बनाने वाले

मौत का जाम पिया करते हैं अब भी कुछ लोग
अब भी होते हैं यहाँ नाग ख़ज़ाने वाले

रात को रात कहा मैंने उन्हें हैरत है
तिल का अब ताड़ बनाएँगे बनाने वाले

## 73. तुम जो डट कर जी आए

तुम जो डट कर जी आए
अपने हिस्से भी आए

चोटों से क्या सीख मिली
अब तो ख़ुदग़र्ज़ी आए

ज़ीस्त ने पूछा है हमसे
किससे इजाज़त ली आए

छेद भरे हैं कपड़ों में
ये कैसे दर्ज़ी आए

जो होना था हो बैठा
लेकर क्यों अर्ज़ी आए

## 74. वो खुश है बुलबुला-सा हवा में उछाल कर

वो खुश है बुलबुला-सा हवा में उछाल कर
हम आ गए हैं सारे समुंदर खंगाल कर

कोई बताए ख़ौफ़ उसे मौत से क्यों हो
जीता है जिंदगी जो खटाई में डाल कर

मैं सोचता हूं कांधे पे उसके भी सर है, जो
पाता है चैन औरों की पगड़ी उछाल कर

उसको कहां पता है कि ये उसकी हार है
दिल खुश है जिसके सामने हथियार डाल कर

बाज़ार में सजा के भले वो चला गया
हमने किसी की याद को रखा संभाल कर

जिसको खुशी से वैर है नवनीत! रोएगा
रख दें भले ही आप कलेजा निकाल कर

## 75. तेज़ ज़माने हैं

तेज़ ज़माने हैं
लोग सयाने हैं

चादर है चुप की
दर्द सिरहाने हैं

क्या है लोगों का
मर खप जाने हैं

मंज़र हो दिलकश
हम ही काने हैं

कुछ है सच्चाई
कुछ अफ़साने हैं

रिश्तेदारी क्या
आने जाने हैं

# 76. ठेठ दीवाने भी हो जाते सयाने अब तक

ठेठ दीवाने भी हो जाते सयाने अब तक
अक़्ल आई न मगर उसकी ठिकाने अब तक

सुब्ह होने को है और ख़्वाब नदारद हैं सभी
लोरियाँ गा रही है नींद सिरहाने अब तक

ईंट है, गारा है, छप्पर भी है जाने फिर क्यों
कोई आया ही नहीं गाँव बसाने अब तक

प्यार है लहजे में और दिल में है हमदर्दी भी
आइए, हैं यहाँ भरपूर ख़ज़ाने अब तक

अज़्म पर अपने भरोसा ही नहीं है उनको
गा रहे हैं जो मुक़द्दर के तराने अब तक

## 77. किसी को यह भरोसा भी क्या ख़ुद पर हो नहीं सकता

किसी को यह भरोसा भी क्या ख़ुद पर हो नहीं सकता
कि आईना तो हो सकता हूँ पत्थर हो नहीं सकता

वही जो खिड़कियाँ दरवाज़े अपने बंद रखता है
वो ख़ुद को कुछ भी समझे पर मुनव्वर हो नहीं सकता

न जाने कौन तन्हाई में मुझसे कहता रहता है
हिसाब अपना हिसारों के बराबर हो नहीं सकता

बड़ा होने के अपने दुख हैं मजबूरी है मुश्किल है
मेरा ये ढाल सा किरदार ख़न्जर हो नहीं सकता

हमेशा ख़ून से इसकी सिंचाई होती रहती है
मेरा दिल ऐसा रक़्बा है जो बंजर हो नहीं सकता

सुना है एक दिन रब सारे पर्दे ख़ुद उठा देगा
मगर इस काम का लम्हा मुक़र्रर हो नहीं सकता

वही दिन रात खाना पीना थकना और सो जाना
बताओ क्या ये जीना और बेहतर हो नहीं सकता

# 78. एक ख़ुदकश असीर को देखें

एक ख़ुदकश असीर को देखें
हम कहाँ तक ज़मीर को देखें

इतनी बीनाई है कहाँ सबमें
ख़ुद में तेरे ख़मीर को देखें

इक यही काम हमको आता है
साँप गुज़रे लकीर को देखें

आम भाषा बरतते हैं कैसे
आइए हम नज़ीर को देखें

जिनको हिंदी ज़बान से है गुरेज़
वो सभी पहले मीर को देखें

बाद मुद्दत के मेह्रबाँ वो हुए
ज़ख़्म देखें कि तीर को देखें

आपके पैर में बिवाई नहीं
आप मत मेरी पीर को देखें

आप नाराज़ हैं, मैं ज़िंदा हूँ
दो निशानों पे तीर को देखें

रहनुमा वो फ़क़ीर हैं नवनीत
हर घड़ी जो लकीर को देखें

## 79. मसअले इंतिकाम तक आए

मसअले इंतिक़ाम तक आए
सिलसिले इख़्तिताम तक आए

वक़्त अब तय नहीं उजाले का
ये भी संभव है शाम तक आए

ज़िंदगी उनकी बात सुन लेना
थक के जो तेरे काम तक आए

लो ये फिर झाँकने लगा आँसू
इसको कह दो न बाम तक आए

इक इशारा ही करना था जिनको
आज क्यों एहतिराम तक आए

मैं हूँ सबमें मगर नहीं दिखता
कोई मेरे क़याम तक आए

अब इशारे ज़बान होते हैं
कौन हुस्न-ए-कलाम तक आए

शे'र हम उसको मानते ही नहीं
जो न चल कर अवाम तक आए

अब तेरी याद से फ़रागत है
सिलसिले उस मुक़ाम तक आए

इश्क़ पहले से ख़ुदकुशी ठहरा
कौन इस तामझाम तक आए

शह्र अब इस क़दर मोहज़्ज़ब है
लोग सब क़त्लेआम तक आए

हमने मेयार की इबादत की
लोग कौड़ी के दाम तक आए

बढ़ते जाने का है सिला नवनीत
दाग़ माहे तमाम तक आए

## ८०. माना तुम चिड़िया हो बेटी माना बुलबुल जैसी हो

माना तुम चिड़िया हो बेटी माना बुलबुल जैसी हो
वैसी ही मत रहना आगे अब तक बिलकुल जैसी हो

क्या बतलाएँ ज़िंदा बस्ती क्यों जंगल हो जाती है
बसना तब आसान कहाँ जब किस्मत क़ाबुल जैसी हो

एक पुराना सिक्का देकर दिन जब रुख़्सत होता है
तब ऐसे लगता है जैसे धरती अंजुल जैसी हो

गोशालाओं से वंचित गायों का रंभाना कहता है
ये मतलब की बस्ती जाने कब तक गोकुल जैसी हो

इक-दूजे से दूर करें वो, धर्म अपना है यह नवनीत
बीच सफ़र में किसको छोड़ें जब आदत पुल जैसी हो

## 81. अपने बहुत ज़हीन हैं पहचानते नहीं

अपने बहुत ज़हीन हैं पहचानते नहीं
मेरे अज़ीज़ मेरा कहा मानते नहीं

आलिम नहीं हैं हम तो फ़क़त आम लोग हैं
खुरपी कुदाल वाले क़लम जानते नहीं

जिस में नए ख़याल की किरणें न उग सकें
हम उस गली की ख़ाक कभी छानते नहीं

जिनका नज़रिया तंग है आप उनको जो कहें
शाइर अदीब हम उन्हें गरदानते नहीं

हम एहतिराम करते हैं सच का बहुत मगर
अपने ख़िलाफ़ हो तो उसे मानते नहीं

कल हौसले के साथ कहा हमने, 'जिंदगी!
पहचानते तो हैं तुझे हम जानते नहीं'

ख़ैरात कैसे लें हमें मरना गवारा है
हम तेज़ धूप में भी रिदा तानते नहीं

## 82. जब भी हँसना था रो के ख़र्च हुए

जब भी हँसना था रो के ख़र्च हुए
ऐसी फ़ित्रत को ढो के ख़र्च हुए

ख़ामुशी उनको रास आई नहीं
वो जो आवाज़ हो के ख़र्च हुए

जागना जिनका था बहुत लाज़िम
ऐसे एहसास सो के ख़र्च हुए

जिनको होना था हो नहीं पाए
हो सके जो वो हो के ख़र्च हुए

अब तलक ख़ुश्क हैं मनाज़िर सब
हम ही आँखें भिगो के ख़र्च हुए

## 83. तोड़ कर रस्मो–राह फिर ख़ुद से

तोड़ कर रस्मो–राह फिर ख़ुद से
हमने माँगी पनाह फिर ख़ुद से

देख मुकरा गवाह फिर ख़ुद से
क्या करे बारगाह फिर ख़ुद से

कुछ तो कारीगरी थी दुनिया की
कुछ हुए हम तबाह फिर ख़ुद से

तौबा कर ली थी मैंने पिछली शब
हो रहे हैं गुनाह फिर ख़ुद से

क़ैद थी मुद्दतों से सीने में
आज निकली है आह फिर ख़ुद से

ख़ूबसूरत दिखी है ये दुनिया
हट गई थी निगाह फिर ख़ुद से

पहले दिल से निकाल उदासी को
कोई निकलेगी राह फिर ख़ुद से

## 84. बेसबब आजिज़ी से बचता हूँ

बेसबब आजिज़ी से बचता हूँ
इसलिए ज़िंदगी से बचता हूँ

तुम जिसे रोशनी बताते हो
मैं उसी तीरगी से बचता हूँ

धूप मिलती है तिलमिलाई हुई
जब भी मैं चाँदनी से बचता हूँ

आइना बार-बार देखूँ क्या
आजकल डायरी से बचता हूँ

ज़िंदगी बाँहें डाल देती है
जब भी मैं ज़िंदगी से बचता हूँ

## 85. रोज़ ही शह्र में ग़दर होना

रोज़ ही शह्र में ग़दर होना
कितना मुश्किल है यूँ बसर होना

ज़िंदगी के क़रीब लाता है
तेरी बस्ती में मेरा घर होना

मैं अगर रास्ता बनूँ हमदम
तुम किनारे का हर शजर होना

है कठिन ही नहीं, असंभव भी
जो सराय है उसका घर होना

हो गये हैं ग़ज़लसरा नवनीत
सबको लाज़िम है यह ख़बर होना

## 86. हमारे ख़ाब की ताबीर मिल जाती मगर यह क्या

हमारे ख़ाब की ताबीर मिल जाती मगर यह क्या
अँधेरा छँटने वाला था नज़र आती सहर यह क्या

हमेशा झूठ हारेगा, सदा सच की ही जय होगी
बताए कोई ये हम को कि आता है नज़र यह क्या

ज़बाँ से दिल का खारापन कभी ज़ाहिर नहीं करते
सियासी लोगों से सीखा है तुमने भी हुनर यह क्या

वहीं सीलन झलकती है, वहीं रोग़न उखड़ता है
हमारा दिल है ये प्यारे तुम्हारा भी है घर यह क्या

हज़ारों सफ़्हों पर थी इन्क़लाबी दास्तां लेकिन
हमारे सामने है इक फ़साना मुख़्तसर यह क्या

## 87. अना सच्चाई पर ही अड़ गई है

अना सच्चाई पर ही अड़ गई है
सभी कहते हैं, कैसा आदमी है

रक़म हर रोशनी या तीरगी है
ये दिल नवनीत मेरी डायरी है

निगाहें पार हों कैसे, बता दे
तेरी महफ़िल में इतनी रोशनी है

किनारे टूटने का मुंतज़िर हूँ
ख़मोशी झील-सी फैली हुई है

परख कर इसको उलझन में पड़ा हूँ
ये क्या शय है अगर ये ज़िंदगी है

हमें दरकार थे इंसान लेकिन
कोई पंडित है कोई मौलवी है

## 88. ज़ख़्मों का सिलसिला ही सही दर्द ही सही

ज़ख़्मों का सिलसिला ही सही दर्द ही सही
जीने को ज़िन्दगी है यही तो यही सही

माज़ी की कील दिल से न निकली किसी तरह
अब और धँस गयी जो बची थी रही-सही

लिपटे हुए हैं हमसे अँधेरे तो क्या हुआ
चमकेंगे ख़ूब हम भी सरे-दार ही सही

दो दिन तेरी तलाश में दो साथ के लिए
काफ़ी थे मेरे वास्ते दिन चार ही सही

हैरां हूँ क्यों लगा था मुझे वक़्ते-अलविदाअ
तुम लौट के फिर आओगे इक बार ही सही

बीनाइयों को ले के तो सूरज नहीं गया
अब रोशनी नहीं है तो ये तीरगी सही

अपने लहू में तैरते रहने को क्या कहें
हाँ, आप मानते हैं तो ये शायरी सही

जो कच्ची उम्र में ही उठायी थी साहिबो
काँधों ने सारी उम्र वही पालकी सही

# 89. चला आता हूँ तेरे दरबार में

चला आता हूँ तेरे दरबार में
ख़ज़ाना है मेरा इसी ग़ार में

हिसारे बदन में हूँ मैं इस तरह
कि जैसे हो मछली किसी जार में

फिर इक रोज़ दिल का खंडर ढह गया
नमी थी लगातार दीवार में

हुआ हमसुख़न एक पल को मगर
मज़ा आ गया खुद से गुफ़्तार में

लबों पर तबस्सुम है उसके मगर
उदासी है पायल की झंकार में

मिलें रोज़, हो बात, ऐसा ख़याल
बचा है मुहल्ले के दो-चार में

मैं हारा हूँ ख़ुद से तो होने लगी
तेरी जीत शामिल मेरी हार में

## 90. तुम तुम थे तो तुम्हारी वफ़ा में लगा रहा

तुम तुम थे तो तुम्हारी वफ़ा में लगा रहा
तुम हो गए ख़ुदा तो ख़ुदा में लगा रहा

अपने वजूद की मुझे पहचान ही न थी
पैबंद बन मैं अपनी क़बा में लगा रहा

ख़ुद में उतर के जीना कोई बात ही नहीं?
अफ़सोस मैं तलाशे-हवा में, लगा रहा

क्या-क्या किया था धूप ने सहरा में क्या कहूँ
अपना तो ध्यान उसकी घटा में लगा रहा

ज़र्रे को कायनात की परवाह जब न थी
तो सोचता हूँ क्यों मैं दुआ में लगा रहा

गाने थे गीत इसको बहारों के कुछ मगर
पंछी उदास आब-ओ ग़िज़ा में लगा रहा

तारों को तोड़ लाऊँगा मैं चाँद के लिए
मुमकिन थी ऐसी बात? हवा में, लगा रहा

उसको पुकारा उसकी तरफ़ से दिये जवाब
मैं सारी उम्र सौतो-सदा में लगा रहा

कैसे समझ में आएँगी आदम की मुश्किलें
उसको जो सारी उम्र ख़ुदा में लगा रहा

# 91. बिना रोये जो गुज़रे उस गली से

बिना रोये जो गुज़रे उस गली से
लगा ऐसा गये हम ज़िन्दगी से

जिया हूँ उम्र भर मैं भी अकेला
उसे भी क्या मिला यायावरी से

झलक इक मौत की देखे तो मानूँ
जिसे डर लग रहा है ज़िंदगी से

कई जज़्बों का घर था जैसे मैं भी
मेरी परतें खुलीं दीवानगी से

कई चेहरे दिखे पर बाद उनके
महब्बत हो गई बेचेहरगी से

किसी सूरत अलग होने न पायी
तेरी तस्वीर मेरी शायरी से

खड़ा जब से हूँ मैं अपने मुक़ाबिल
उलझता ही नहीं अब मैं किसी से

तेरी यादें हैं या सूरज है कोई
ये आँखें बुझ रही हैं रोशनी से

उम्मीदें थी हमें भी चांद से पर
महब्बत है उसे अब तीरगी से

## 92. ये मेरे चेहे पे जो दर्द का रिसाला है

ये मेरे चेहे पे जो दर्द का रिसाला है
तेरी अना ने बहुत ख़ूब इसे निकाला है

वो इक चराग़ जिसे ख़ून दे के पाला है
सितम ये है कि हवा का वही निवाला है

तुम्हारे ज़िक्र की माचिस के इक इशारे से
तमाम याद का जंगल सुलगने वाला है

तेरी तलाश में शोलों को पार कर आए
ये मेरे पाँव जिन्हें चाँदनी ने पाला है

जहाँ से ख़ाब के पंछी उड़ान भरते थे
उसी शजर को हक़ीक़त ने काट डाला है

बहुत अज़ीज़ मुझे है मगर ये छूटेगा
ये जिस्म सिर्फ़ मेरी रूह का दुशाला है

निकल यहाँ से कि तू दब के रह न जाए कहीं
खंडर ये दिल का ज़मींदोज़ होने वाला है

बताते रहते हो खिड़की का जिसको तुम पर्दा
तुम्हारी दीद पे क़ाबिज़ मियां वो जाला है

मिलेगा तर्के-तअल्लुक़ से क्या उसे 'नवनीत'
जो मुझपे बीता है उस पर गुज़रने वाला है

# 93. सीने में मेरे बोझ भी और दहका चमन भी

सीने में मेरे बोझ भी और दहका चमन भी
क्या चीज़ तेरी याद है ख़ुशबू भी घुटन भी

पहले तो तमन्ना थी तेरी सिर्फ़ मगर अब
आँखों में नज़र आने लगी मेरी थकन भी

है इश्क़ सफ़र दिल से फ़क़त दिल का मगर क्यों
इस राह में आये हैं बयाबां भी चमन भी

जो दिल पे गुज़रती है उसे ऐसे रक़म कर
ज़ख़्मों की नुमाइश न बने बज़्म-ए-सुख़न भी

तपती हुई धरती को मेरे छालों ने सींचा
कुछ काम तो आया है चलो बावलापन भी

हैरत है, मुझे साँस वहीं आती है जानां
घुट जाना सिखाए जहाँ यादों की पवन भी

पैरों के तले से कहीं मिट्टी न खिसक जाय
ज़िद है मेरी मुट्ठी में हो धरती भी गगन भी

महबूब के चेह्रे के मुक़ाबिल भी है लेकिन
इस दौर में सुनते हैं हुआ चाँद 'मिशन' भी

'नवनीत' तू है 'फ़ज़्ल' की ऊँचाई का पैकर
है दिल में तेरे 'नूर' तो है ज़ह्न में फ़न भी

## 94. क्या शबो-रोज़ महकते थे समां था मुझसे

क्या शबो-रोज़ महकते थे समां था मुझसे
जब गयी रुत में हुआ नाम किसी का मुझसे

जी! मेरे साथ हैं कुछ ओस सी रातें लेकिन
आँख में बैठा ये सूरज नहीं ढलता मुझसे

दिन के ज़ख़्मों पे कोई जैसे लगा दे मरहम
यूँ लिपटता है मियां शाम का साया मुझसे

जिसके किरदार मुझे तोड़ रहे हैं अब तक
किस तरह होगा बयां ऐसा फ़साना मुझसे

ला मेरी जान! उठा लूँ मैं सलीबें तेरी
क्या किसी रोज़ कहेगा ये मसीहा मुझसे

ख़र्च कर ख़ुद को कई ख़्वाब कमाये मैंने
अब वही छूट गया है मेरा हिस्सा मुझसे

दिल की वादी में सुलग उठता है जंगल कोई
जब चिपकता है तेरी याद का लावा मुझसे

था वो इक दौर कि जब दिल में धुनें बजती थीं
अब कोई साज़ बजाया नहीं जाता मुझसे

हमने मिल कर कभी तामीर किया था जिसको
अब लिपटता है उसी शह्र का मलबा मुझसे

## 95. आप आलिम हैं पता कीजिए बस

आप आलिम हैं पता कीजिए बस
और किस किस को ख़ुदा कीजिए बस

रोशनी जिसकी पड़ी है पीली
उस उजाले की शिफ़ा कीजिए बस

आपने ठीक सुना ज़िंदा हूँ
पूछते मुझको रहा कीजिए बस

आपके रूप हज़ारों हैं मगर
हमको आप एक लगा कीजिए बस

आप में मुझको न ढूँढ़े दुनिया
मुझमें इतना न ढला कीजिए बस

एक दुश्मन है वही टक्कर का
जंग ख़ुद से ही लड़ा कीजिये बस

ठीक होने का ये भी नुस्ख़ा है
ख़ुद को ख़ुद पे ही फ़िदा कीजिये बस

आप पुरनूर नज़र आएँगे
धूप चेहे पे रखा कीजिए बस

हाँ, अगर इश्क़ हुआ है तो फिर
दुख के क़स्बे में बसा कीजिए बस

# 96. बज़्म में जो ख़ामोश दिखाई देते हैं

बज़्म में जो ख़ामोश दिखाई देते हैं
हमको वो सब लोग सुनाई देते हैं

सबको पता है क्यों बर्बाद हुए हैं हम
जाने क्यों कुछ लोग सफ़ाई देते हैं

मुंसिफ़ तक तो बात रखी जा सकती थी
जल्लादों से पूछ, रिहाई देते हैं?

भीतर रो लेते हैं गुड़िया के बाबा
बाहर तो चुपचाप विदाई देते हैं

सबको अपना ओज छुपाना पड़ता है
तारे कब चंदा की दुहाई देते हैं

## 97. वो नज़दीक अपने तब आने लगा

वो नज़दीक अपने तब आने लगा
अपने माज़ी से जब पार पाने लगा

दुख आया था मुझको डराने, लगा
मैं रोया नहीं गुनगुनाने लगा

यक़ीनन ही कुव्वत मिलेगी उसे
ज़माना जिसे आज़माने लगा

खुशी है कि ग़म है कहें क्या मगर
यहाँ दिल को रोना था, गाने लगा

है ख़ूंखार अब ख़ामुशी इस क़दर
ज़रा-सा जो बोला ठिकाने लगा

ये ख़ाहिश की काई है कैसे मिटे
ज़माने लगेंगे, ज़माने लगा

## 98. अब भी बाक़ी है तज़करा मेरा

अब भी बाक़ी है तज़करा मेरा
उसमें ज़िंदा है आशना मेरा

इश्क़ कहता है मैं कसैला हूँ
कौन चक्खेगा ज़ायक़ा मेरा

अपनी फ़ित्तरत को भूलते ही नहीं
जुस्तजू तेरी आबला मेरा

उन निगाहों का शौक़ तो देखो
देखते हैं वो देखना मेरा

तेरी गलियों से जब गुज़रता हूँ
साथ चलता है मक़बरा मेरा

इक महावट थी खारे पानी की
बह गया सब रहा-सहा मेरा

वार उसके नपे तुले थे मगर
बच गया दिल कटा-फटा मेरा

# 99. मैं ख़ुद से मिल के ख़ुद से कट गया तो

मैं ख़ुद से मिल के ख़ुद से कट गया तो
करूँगा क्या, हुआ ये हादिसा तो

वो जिसकी दीद से थम जाएँ साँसें
वही दे ज़िन्दगी का फ़ल्सफ़ा तो

जो मेरे क़त्ल में शामिल रहा है
सुनाया गर उसी ने फ़ैसला तो

अभी तक झूठ पर सौ तोहमतें थी
मिला सच भी नशे में ऊँघता तो

लबे ख़ामोश पर मुझको यक़ीं है
कहीं आँखों ने सब कुछ कह दिया तो

हैं रिश्तों के भँवर 'नवनीत' दिलकश
गर उनकी ज़द में ये दिल आ गया तो

❑❑❑